Wolfgang Öxler

Bleib deiner Sehnsucht auf der Spur

Schatzkarte für die Seele

Mit Fotografien von Andrea Göppel

HERDER

FREIBURG · BASEL · WIEN

Das Schneckenhaus ist
eine Art Geheimnis zum Anfassen.

Unser Leben fängt an mit einem Geheimnis,
und es endet mit einem Geheimnis.

Wer auf Schatzsuche geht,
dem leuchtet im Unscheinbaren etwas Kostbares auf,
und er entdeckt: Der Schatz, den ich suche, ist in mir!

Inhalt

Vorwort

Dem Geheimnis auf der Spur – Wir sind alle Schatzsucher!

Wenn der Verstand fragt und die Seele sucht, verstehe ich das als eine innere Aufforderung, meiner Sehnsucht zu folgen. Dann ergibt sich manches Mal sogar aus den Steinen, die mir im Weg waren, über die ich vielleicht gestolpert bin, eine neue Spur. Womöglich werden manche von ihnen für mich zu Edelsteinen, die mich zu einem innerlich reichen, reifen und liebenden Menschen machen.

Ein schönes Mosaik setzt sich aus vielen verschiedenen Steinchen zusammen. Die Meilensteine meines Lebens lassen meine eigene Spur sichtbar werden. Ein Weg – auch ein Lebensweg – verläuft nicht immer gerade, und oft mag man sein Ziel erst im Rückblick erkennen.

Es gilt, die richtige Spur zu finden, um auf ihr die Schätze und den Wert des eigenen Lebens (wieder) zu entdecken. Sinnvoll ist es, die gefundenen Kostbarkeiten dankerfüllt in einer persönlichen Schatzkarte zu verzeichnen. So kann man sich gerade auch in dunklen Stunden immer an sie erinnern und die Spur zu ihnen zurückverfolgen.

Eine liebende Suche und eine suchende Liebe entdecken die Fußspuren Gottes und führen uns zu einem geglückten Leben.

Erzabt Wolfgang Öxler OSB, St. Ottilien

Spur der Sehnsucht

Spur der Sehnsucht

Antoine de Saint-Exupéry schreibt: »Wenn du ein Schiff bauen willst, fange nicht an, Holz zu sammeln, Planken zu sägen und die Arbeit zu verteilen, sondern erwecke in den Menschen die Sehnsucht nach dem großen, weiten Meer.«

Sehnsucht ergreift uns, bringt uns in Bewegung, ist wie ein Motor. Sehnsucht gehört zum Leben! Mit ihr beginnt alles. Sie ist für mich wie die Triebfeder meiner inneren Lebendigkeit. Inmitten meines Alltags eröffnet sie eine Welt neuer Möglichkeiten und weitet meinen Blick zu neuen Horizonten. So geht es immer wieder darum, der eigenen Sehnsucht, als Quelle der Kraft, auf die Spur zu kommen. Aus dieser Sehnsucht kann eine Vision werden, deren Spuren sich durch unser Leben ziehen. Und es gilt: Wer sich wirklich auf den Weg macht, dem kommt das Gesuchte entgegen.

Spiel mit der Sehnsucht

Oftmals wird mit der Sehnsucht auch ein Geschäft betrieben. Bestimmte Produkte versprechen dem Käufer sofortige Wunscherfüllung. So soll Sehnsucht im Schnellverfahren gestillt werden. Doch der provozierte Konsum ist bewusst auf ein oberflächliches und kurzfristiges Glück angelegt. Werbeexperten nutzen unser Verlangen danach glücklich zu sein, um den Umsatz zu steigern. Wenn du diese oder jene Turnschuhe trägst, gehörst du dazu.

Sehnsucht gehört zum Leben!
Mit ihr beginnt alles.

Aber weder die Turnschuhe, noch das neue Smartphone oder das neue Auto können uns wirklich glücklich machen. Auch wenn die anfängliche Freude darüber groß sein mag.

Fruchtbar wird meine Sehnsucht dann, wenn sie mir hilft, die erahnten Möglichkeiten in meinem Leben zu verwirklichen. Wenn ich nicht nur sehne, sondern auch handle und konkrete Schritte gehe. Vielleicht ist diese Sehnsucht, diese gute Unruhe des Herzens, manchmal verschüttet unter den vielerlei Ablenkungen des Alltags. Wie leicht übersehen wir doch die kleinen Rationen des Glücks.

Sehnsucht und Seele

Sehnsucht hat mit unserer Seele, mit unserem innersten Fühlen, Denken und Hoffen zu tun. Die Seele findet ihre Nahrung in der Liebe, in der Einheit mit den Menschen und der Natur, und letztendlich in der Einheit mit Gott. Wenn wir uns fragen: »Was sind meine Sehnsüchte?«, dann werden wir sicher sehr Unterschiedliches benennen, je nach unserer Gemütslage und den äußeren Umständen, in denen wir leben. Aber kennen wir auch eine besonders tiefe Sehnsucht, die über das Vorläufige und Vergängliche, die über unser Erdendasein hinausgeht? Eine tiefe Sehnsucht nach der einen, alles umfassenden Wirklichkeit, die wir Gott oder das Göttliche nennen?

Ein alter Mitbruder sagt mir bei jeder Begegnung: »Ich habe Sehnsucht nach dem Himmel.« Gott selbst hat den Menschen dieses Verlangen mitgegeben. Er selbst sehnt sich nach uns. Als Ebenbild Gottes geschaffen, sind wir dazu bestimmt, Gott kennenzulernen. Die Bibel berichtet davon, dass Gott die Ewigkeit in unsere Herzen gelegt hat (*Prediger 3,11*). Es ist das Gefühl, dass es mehr geben muss als das Leben, das wir jetzt haben. Mehr als das, was wir gerade vor Augen haben.

Komm deiner Sehnsucht auf die Spur.

• Sage mir, was du suchst,
  und ich sage dir, wer du bist.

• Die Spur der Sehnsucht führt zu etwas,
  das größer ist als wir.

Wer sich wirklich auf den Weg macht, dem kommt das Gesuchte entgegen.

Spuren Gottes

Spuren Gottes

Ein französischer Gelehrter durchquerte mit einigen arabischen Forschern die Wüste. Beim Sonnenuntergang breiteten die Araber Teppiche auf dem Boden aus und fingen an zu beten. »Was machen Sie da?«, fragte der Gelehrte einen von ihnen. »Wir beten.« – »Zu wem?« – »Zu Allah.« – »Haben Sie ihn denn jemals gesehen, getastet, gefühlt?« – »Nein.« Der Forscher schüttelte den Kopf. – »Wie können Sie dann an ihn glauben?«

Am nächsten Morgen, als der Gelehrte aus dem Zelt kroch, sagte er zu einem der Forscher: »Hier ist heute Nacht ein Kamel gewesen.« – »Woher wollen Sie das wissen? Haben Sie es gesehen, getastet oder gefühlt?« – »Nein, aber man sieht doch rings um das Zelt die Fußspuren.« Da wies der Araber zum Horizont, wo gerade die Sonne aufging in all ihrer Pracht: »Und da sehen Sie die Fußspur Gottes!«

Gottes Spur in meinem Leben

Können Sie Spuren lesen? Die Spuren, die Gott in unserem Leben hinterlassen hat? Es geht darum, sie zu sehen und sie dann als kostbaren Schatz zu hüten, aus dem wir immer wieder Kraft schöpfen können und der uns Mut machen kann.

Wie oft hat Gott die Dinge zum Guten gefügt, uns durch Krisen getragen, ist bei uns geblieben, wenn das Leben schwer wurde, hat uns Menschen geschenkt, die uns lieben und die wir lieben durften, hat uns Erfolge und Glück geschenkt, uns Türen geöffnet, wenn wir dachten, in einer Sackgasse zu stehen. »Wir haben Gottes Spuren festgestellt«, so heißt es in einem neuen geistlichen Lied. Spuren Gottes in unserem Leben. Nehmen wir sie als solche wahr?

Neben all dem Menschlichen und Zwischenmenschlichen habe ich immer wieder Gottes Begleitung, sein Eingreifen und seine Hilfe erfahren. Oft waren es kleine Erlebnisse und Begebenheiten, manchmal aber auch tiefgreifende Erfahrungen in schwierigen Situationen, die mein Leben und meinen Glauben bereichert haben. So steht als Überschrift in meinem Tagebuch: Gottes Spuren in meinem Leben. Ich durfte in meinem Leben die Spuren Gottes entdecken. Ich durfte erfahren, wie Gott mich aus Lebensgefahr gerettet, wie er mich getragen, aber auch ertragen hat.

Spuren im Sand

Der Name Margaret Fishback Powers ist Ihnen vielleicht schon einmal begegnet. Sie wurde mit zwanzig Jahren aus heiterem Himmel vom Blitz getroffen und hatte eines Nachts einen Traum von Spuren im Sand:

»Ich ging am Meer entlang mit meinem Herrn. Vor dem dunklen Nachthimmel erstrahlten, Streiflichtern gleich, Bilder aus meinem Leben. Und jedes Mal sah ich zwei Fußspuren im Sand, meine eigene und die meines Herrn. Als das letzte Bild an meinen Augen vorübergezogen war, blickte ich zurück. Ich erschrak, als ich entdeckte, dass an vielen Stellen meines Lebensweges nur eine Spur zu sehen war. Und das waren gerade die schwersten Zeiten meines Lebens. Besorgt fragte ich den Herrn: ›Herr, als ich anfing, dir nachzufolgen, da hast du mir versprochen, auf allen Wegen bei mir zu sein. Aber jetzt entdecke ich, dass in den schwersten Zeiten meines Lebens nur eine Spur im Sand zu sehen ist. Warum hast du mich allein gelassen, als ich dich am meisten brauchte?‹ Da antwortete er: ›Mein liebes Kind, ich liebe dich und werde dich nie allein lassen, erst recht nicht in Nöten und Schwierigkeiten. Dort, wo du nur eine Spur gesehen hast, da habe ich dich getragen.‹«

Oft wird uns die Gegenwart Gottes erst im Rückblick bewusst. Und doch: Gott ist immer da, auch wenn ich es vielleicht erst später erkenne.

Spuren finden
Gottes Spuren aufspüren
der Sache auf der Spur sein
nicht von der Spur abkommen
Gottes Spuren folgen
in seinen Spuren wandeln
Gottes Spuren spüren
gesegnet sein

Tonspur – Hören

Reichhaltig sind die Töne, die im Laufe meines Lebens an mein Ohr gedrungen sind und mehr oder weniger ihre Spuren hinterlassen haben. Manche Töne haben sich eingegraben wie ein Ohrwurm und andere sind wieder verflogen. Da gibt es den einprägsamen Wortlaut meiner Eltern: »Sei fleißig und anständig«, aber auch Grundtöne wie: »Ich bin stolz auf dich« und »Du brauchst keine Angst zu haben«. Dankbar bin ich, dass Zutrauen und Ermutigung in meinem Ohr, in meinem Herzen nachklingen.

Man muss kein besonders musikalischer Mensch sein, um festzustellen, dass unsere Gesellschaft voll von Misstönen ist, welche die Freude, den Frieden, die Harmonie stören, ja sogar zerstören. Schon Ignatius von Antiochien, der im 2. Jahrhundert lebte, machte anscheinend schon solche Erfahrungen und schrieb, dass es wichtig sei, Gottes Melodie in sich aufzunehmen. Er hatte die Vorstellung, dass Gott für jeden Menschen einen Ton, eine Lebensmelodie erdacht hat. Gott »tuned« uns sozusagen, er stimmt uns ein in ein Leben voller Kraft, Vertrauen und Zuversicht.

Der Grundton Gottes ist die Liebe.

Jeder Mensch hat eine persönliche Lebensmelodie, die ihm am Beginn seines Lebens mitgegeben wurde. Da finde ich es doch sehr interessant, immer mal wieder in sich hineinzuhören, wie die eigene Melodie klingt und welche Töne ich von mir gebe. Auch nachzuhören, wann und in welchen Phasen meine Melodie mehr im traurigen Moll und wo in strahlendem Dur erklungen ist. Welche Töne und Melodien haben mein Herz geöffnet und mich wieder ein Stück mehr zu dem Menschen werden lassen, der ich im Grunde meines Herzens bin? Es ist gut, wenn es Menschen in meiner Umgebung gibt, die mich immer wieder an den Grundton der Liebe erinnern.

Eine traditionelle Geschichte erzählt von einem Indianer und einem Europäer. Während der amerikanische Ureinwohner in der Weltstadt New York das feine Zirpen einer Grille hört, nimmt der Europäer nur den Krach und Lärm der Autos wahr. Nach einiger Zeit lässt der Indianer im Gewühl ein Geldstück fallen. Bei diesem Klang zuckt der Europäer zusammen, der den Aufschlag deutlich vernommen hatte. Da meinte der Indianer: »Siehst du: Das Geldstück war nicht lauter als der Flügelschlag der Grille. Aber das hast du gehört. Beim Klang des Geldes reagierst du, aber für das Lied einer kleinen Grille hast du keine Ohren.«

Ja, man hört oft nur auf das, worauf man zu achten gewohnt ist. Alles andere überhört man. So bleibt uns Menschen im Alltag oft nicht die Zeit und die Muße, auf Gottes Melodie zu hören. Der Grundton Gottes ist die Liebe. Mit allen Kräften, aus ganzer Seele und aus ganzem Herzen sollen wir auf den Ton der Liebe Gottes achten. Das Hören ist ein Schlüssel zum geistlichen Leben. Die Stille ist notwendig, damit die Töne Gottes bei uns Einlass finden. Wichtig ist nicht allein, dass bei unserem Leben immer etwas herauskommt. Genauso wichtig ist, dass immer wieder auch etwas in unser Leben hineinfindet.

Die Aufforderung »Höre!« steht als Aufforderung am Anfang der Regel des heiligen Benedikt. Wer »mit dem Ohr des Herzens« hören lernen will, der verzichtet bewusst darauf, den Marktschreiern unserer Tage sein Ohr zu schenken und sich von ihnen sagen zu lassen, was »in« ist. Auch unsere Kirche ist aufgerufen, ihr Hörorgan neu zu schärfen. Denn nur so kann sie glaubwürdig und ein gut gestimmtes Instrument zur Verkündigung der Frohbotschaft Jesu Christi sein. Nur mit dem Herzen hört man gut! Und das Gehörte sollten wir dann auch beherzigen. »Beherzigen« ist vielleicht das schönste Wort für »glauben«. Denn es bedeutet, dass du den Dingen, die du gehört hast, in deinem Herzen und in deinem Handeln Raum gibst. Die wesentlichen Dinge kannst du weniger tun als empfangen. Aber du kannst dich für sie empfänglich machen. Der Gedanke, dass jeder Mensch eine persönliche Lebensmelodie hat, ist zugleich ein Auftrag, unsere Lebensmelodie neu zu hören und zum Klingen zu bringen.

»Du bist ein Ton in Gottes Melodie.
Ein schöner Ton in seiner Symphonie.
Ob Dur, ob Moll, ob leise oder laut,
mach dich mit Gottes Melodie vertraut.«

Kurt Mikula

Duftspur

Düfte sprechen unser Emotionszentrum an – und vor allem unser Gedächtnis. Wenn ich Lavendel rieche, fühle ich mich in die Toskana versetzt, und beim Duft eines bestimmten Rasierwassers habe ich plötzlich meinen verstorbenen Vater vor Augen. Der Duft einer Rose erfüllt mein Zimmer und erinnert mich an den lieben Besuch, der mir die Rose überreicht hat.

Düfte prägen unser ganzes Leben, nicht nur in der Küche, bei der Partnerwahl oder in Alltagssituationen. Über unsere Nase erinnern wir uns an die Vergangenheit. Wir sagen manchmal auch, dass uns etwas stinkt: Gegebenheiten, die wir nicht ändern können, die uns belasten und uns die Freude nehmen. »Dicke Luft« herrscht, wenn das Zusammenleben schwierig geworden und von Lieblosigkeit gekennzeichnet ist. Dann »verduften« die Menschen schnell, weil sie sich nicht mehr riechen können.

Mahatma Gandhi wurde einmal von christlichen Missionaren in Indien besucht. Sie wollten von ihm wissen, was sie tun müssten, damit die Menschen Jesus besser verstehen würden. »Denken Sie an das Geheimnis der Rose«, meinte Gandhi. »Sie tut nichts außer zu duften. Und deshalb wird sie von allen geliebt. Duften Sie also, meine Herren!«

Verschenken und verströmen wir uns selbst.

Duft, der Leben verheißt

»Du salbst mein Haupt mit Öl«, heißt es in Psalm 23. Bei der Taufe werden die Christen mit einem besonderen Öl gesalbt, damit sie »dufte« Christen werden. Bei diesem Ritus erhält der Taufbewerber zugleich einen Auftrag: »Du bist gesalbt zum Priester, König und Propheten!« Das verwendete Öl besteht hauptsächlich aus Olivenöl, dem duftende Stoffe beigemischt sind. Schon lange vor Christus war es im Heiligen Land üblich, Priester, Könige und Propheten zu salben, als Zeichen dafür, dass sie Gottes Segen hatten und ihre Autorität gottgewollt war. Bei Taufe und Firmung wird unsere Stirn mit Chrisam-Öl gesalbt. Dadurch soll zum Ausdruck kommen: Jeder Mensch hat eine besondere Würde. Er ist wie ein König, der Fürsorge und Verantwortung trägt für die ihm anvertrauten Menschen. Er ist ein Prophet, der das Wort Gottes, seine Zusage und seinen Anspruch gegenüber den Menschen hörbar macht. Und er ist wie ein Priester, eine Art lebendige Verbindung und Kontaktstelle zwischen Gott und den Menschen.

Glaube muss unter die Haut gehen.

Bei der Salbung geschieht etwas, was man mit Worten nicht ausdrücken kann. Etwas, das direkt unter die Haut geht, unsichtbar, aber spürbar. Hier wird Glaube sinnlich erfahrbar. Und das hat für mich mit Gott zu tun. Spannend finde ich, dass in der Bibel die Menschen, die an Christus glauben, als »Christi Wohlgeruch« *(2. Korinther 2,15)* bezeichnet werden. Und es heißt weiter: »Ihr seid der Lebensduft, der Leben verheißt.« Versprühen wir als himmlischen Duft Jesu Parfum auf der Erde. Verschenken und verströmen wir uns selbst. Vertreiben wir mit Weihrauch den Gestank von Hass und Unmenschlichkeit und verbreiten so den heilsamen Duft Jesu.

Komm, Schöpfer Geist:

Lass mich duften nach der Weisheit,
die auch »Hintergründiges« erkennen kann.

Lass mich duften nach der Einsicht,
damit ich andere verstehe.

Lass mich duften nach gutem Rat,
der mich zu einem Lebensratgeber macht.

Lass mich duften nach Frömmigkeit,
die mich dankbar macht.

Komm, Schöpfer Geist, du Tröster und Begleiter,
verwandle mich.

Mach mich zu einem duften Menschen,
der aus Gott lebt.

Gemeinsame Spur

Gemeinsame Spur – You'll never walk alone

Brannte uns nicht das Herz in der Brust, als er auf dem Weg mit uns redete und uns die Schriften erschloss? (Lukas 24,32)

»Schuhe mehr lieben als Stühle, Bewegung mehr als Besitz, unterwegs nur wächst die Erfahrung von Menschen als Gefährten.« Diese Aufforderung des Ordensmannes und Dichters Andreas Knapp kommt mir in den Sinn, wenn ich die Erzählung von der Wanderung der beiden Emmausjünger höre. Eine Geschichte, die uns aus dem Lukasevangelium berichtet wird. Nach dem Tod Jesu am Kreuz machten sich die Jünger enttäuscht auf den Weg. Fluchtartig verließen sie Jerusalem, den Ort der entsetzlichen Niederlage. Bewegung tut gut, wenn man das Gefühl hat, alles um einen herum ist in Erstarrung geraten. »Wenn nichts mehr geht, dann geh!« Deshalb ist es auch konsequent, eine Entscheidung nicht im Sitzen zu treffen. Denn im Sitzen setzt sich so viel fest. Der Weg ist ein guter Vermittler und Therapeut. Er lässt es nicht zu, in der eigenen Position zu verharren. Er lädt immer wieder dazu ein, feste Standpunkte zu verlassen und weiterzugehen. Die Erzählung darf uns ermutigen, nach Enttäuschungen nicht stehen zu bleiben, sich nicht niederzusetzen und zu resignieren. Viel Kraft liegt in einem neuen Anfang. Etymologisch steckt in unserem deutschen Wort »Sinn« das althochdeutsche Wort »sinnan«. Dies bedeutet »gehen« und »reisen«. Wo ich also unterwegs bleibe, auch auf meinem inneren Weg, da komme ich in Berührung mit dem Sinn meines Lebens.

Der Welt ginge es besser, wenn man mehr ginge. Deshalb sei es noch einmal gesagt: »Schuhe mehr lieben als Stühle und Bewegung mehr als Besitz.«

In der Emmausgeschichte hören wir von einem Fremden, der fast unbemerkt die Spur der beiden Männer aufnimmt. Doch ihre Sorgen und Ängste berauben sie der Achtsamkeit für den Menschen, der sich zu ihnen gesellen will. Fixiert auf ihre Enttäuschung, gehen sie an der Begegnung, am Leben, vorbei. Wer hoffnungslos durch die Landschaft stolpert, dem fehlt der Blick für seine Umgebung. Dessen Gedanken und Gespräche kreisen nur um das Verlorene. Erst als der Fremde sich bemerkbar macht, geben sie ihm Raum in ihrer Mitte. Da ist plötzlich ein Mensch, der mitgeht und sich ihre zerbrochenen Hoffnungen, Ängste und Sorgen anhört. Der einfach mitgeht und zuhört – ohne ihnen gleich Ratschläge zu erteilen. You'll never walk alone – du wirst nicht alleine gehen. Und siehe da: Die beiden können sich ihre Orientierungslosigkeit eingestehen. Zwei Menschen auf dem Weg zurück in ein Leben, das sie eigentlich hinter sich gelassen hatten.

Brannte uns nicht das Herz?

Kennen Sie das auch, dass einem erst »*hinter*her«, »im *Nach*hinein«, durch »*Nach*denken«, aufgeht, welche Bedeutung einem bestimmten Geschehen zukommt? Und dass gerade das Unscheinbare, Beiläufige sich in der Rückschau vielleicht als das Entscheidende erweist, das letztlich von bleibendem Wert ist? Man hört dann öfter den Ausruf: »Dass ich das nicht gleich bemerkt habe!« Einen Engel erkennt man oft erst dann als solchen, wenn er entschwunden ist.

Emmaus ist dort,
wo Menschen heute unterwegs sind,
mit ihren Fragen und Zweifeln
und mit ihren Hoffnungen und Ängsten.

Emmaus ist dort,
wo Menschen miteinander Brot brechen
und das Leben teilen.

Emmaus ist dort,
wo Menschen wieder spüren, dass ihr Herz brennt.

Eine schwache Spur

Eine schwache Spur

Es war einmal eine alte chinesische Frau, die zwei große Schüsseln hatte. Sie hingen von den Enden einer Stange, die sie über ihren Schultern trug. Eine der Schüsseln hatte einen Sprung, während die andere makellos war und stets eine volle Portion Wasser fasste. Am Ende der langen Wanderung vom Fluss zum Haus der alten Frau war die andere Schüssel jedoch immer nur noch halb voll. Zwei Jahre lang geschah dies täglich: Die alte Frau brachte immer nur anderthalb Schüsseln Wasser mit nach Hause. Die makellose Schüssel war natürlich sehr stolz auf ihre Leistung, aber die arme Schüssel mit dem Sprung schämte sich wegen ihres Makels und war betrübt, dass sie nur die Hälfte dessen verrichten konnte, wofür sie gemacht worden war.

Nach zwei Jahren, die ihr wie ein endloses Versagen vorkamen, sprach die Schüssel zu der alten Frau: »Ich schäme mich so wegen meines Sprungs, aus dem den ganzen Weg zu deinem Haus immer Wasser läuft.« Die alte Frau lächelte. »Ist dir aufgefallen, dass auf deiner Seite des Weges Blumen blühen, aber auf der Seite der anderen Schüssel nicht? Ich habe auf deiner Seite des Pfades Blumensamen gesät, weil ich mir deines Fehlers bewusst war. Nun gießt du sie jeden Tag, wenn wir nach Hause laufen. Ich konnte nun diese wunderschönen Blumen pflücken und den Tisch damit schmücken. Wenn du nicht genauso wärst, wie du bist, würde diese Schönheit nicht existieren und unser Haus beehren.« *(Gisela Rieger)*

Zerbrechliche Gefäße

Wir tragen den Schatz in zerbrechlichen Gefäßen, so schreibt es der heilige Paulus an die Gemeinde von Korinth *(2. Kor 4,7–12)*. Auch Petrus, der sich nach außen hin als stark darstellt, muss erkennen, dass er ein zerbrechliches Gefäß ist. Er bekennt sich lautstark zu Jesus, und das Krähen des Hahnes erinnert ihn dann an sein Versagen. Bekenntnisse kosten mich etwas. Nicht immer das Leben, aber doch manchmal Sympathien. Jesus weiß um die Schwäche von Petrus. Zugleich vertraut er aber darauf, dass derselbe, der ihn so jämmerlich verleugnet hat, den Mut zur Treue wiederfindet. Halbherzige Haltungen können sich ändern, aus Lauheit kann wieder Glaube werden.

Schwächen als Chancen

Ohne unsere Schwächen und Fehler würde uns die Voraussetzung dafür fehlen, voll und ganz Mensch zu sein. Erst die Erfahrungen, die nicht zuletzt durch Scham, Schuld und Unzulänglichkeiten gekennzeichnet sind, lassen Petrus zu einer verantwortungsvollen Leitfigur heranreifen. Dies gilt sicher auch für unser eigenes Leben. Wie Petrus haben auch wir Geschichten des Versagens und Scheiterns hinter uns. Unsere Schwächen können uns bereit dafür machen, Gott und unsere Mitmenschen um Hilfe zu bitten. Es ist heilsam, wenn sich unsere Angst in Vertrauen wandelt.

Auch Schatzträger sind Menschen mit Stärken und Schwächen. Paulus ermutigt uns, mit unseren Begabungen und Grenzen Zeugnis für das Evangelium abzulegen. An vielen Stellen in unserem Leben werden wir mit der Zerbrechlichkeit unserer Vorstellungen konfrontiert, mit der Brüchigkeit unserer Ideale von einem Beruf, von der Liebe, von der Zukunft …

Paulus zeigt uns deutlich, »dass das Übermaß der Kraft von Gott und nicht von uns kommt« *(2. Kor 4,7)*. Mit dieser Gnade, dieser Kraft Gottes können wir in unserer Zerbrechlichkeit rechnen. Diese Zusage entlastet und befreit.

Die eingangs erzählte Geschichte kann uns zeigen, dass es vielleicht manchmal gerade mein »Sprung in der Schüssel« ist, der zu etwas Schönem, Wertvollem und Wichtigem in meinem Leben oder dem Leben anderer wird.

Wer mit seinen Wunden und seinen Schwächen umgehen kann,
der wird im Inneren stark.

Spur in die Stille

Spur in die Stille

Zu einem mönchischen Einsiedler kommen eines Tages Wanderer. Sie fragen ihn: »Welchen Sinn siehst du in einem Leben der Stille?«

Der Einsiedler ist gerade dabei, mit einem Eimer das Wasser aus dem Brunnen zu holen. Er wendet sich an die Besucher und sagt: »Schaut in den Brunnen, was seht ihr da?« Sie tun, wie ihnen geheißen, und antworten: »Wir sehen nichts außer Wellen.« Der Mönch schweigt und wartet. Nach einer Weile fordert er die Menschen noch einmal dazu auf, in den Brunnen zu schauen, und fragt: »Was seht ihr jetzt?« Die Antwort der Besucher: »Jetzt sehen wir, wie sich der Himmel im Wasser spiegelt, und wir sehen uns selbst.« Darauf der Mönch: »Und was seht ihr noch? Schaut in die Tiefe!« – »Wir sehen den Boden des Brunnens, wir sehen bis auf den Grund.« – »Seht ihr«, sagt der Mönch, »das ist die Erfahrung der Stille, das ist der Wert der Ruhe. Du siehst den Himmel. Du siehst dich selbst. Und du blickst bis auf den Grund.«

Wenn das Wasser ruhig wird, klärt sich vieles, und man kann irgendwann bis auf den Grund der Dinge sehen. Ähnlich ist es auch mit unserer eigenen Verfassung. Wenn unser Geist unruhig und aufgewühlt ist, können wir unser Innerstes nicht erkennen. Erst wenn wir lernen, zur Ruhe zu kommen, wird uns manches klarer. Die Stille gibt mir die Chance, den Dingen auf den Grund zu gehen, mich selber besser zu verstehen, und sogleich eröffnet sich mir die Perspektive auf den Himmel.

Stille hat viel zu tun mit »stehen bleiben«. Es erfordert eine gehörige Portion Mut und Leidensbereitschaft, bei dem Chaos, das ab und an in uns auftauchen, uns aufwühlen mag, gelassen stehen zu bleiben. Der einfachere Weg wäre: zurück zur Bewegung – weiterzugehen. Weiter vor uns selbst davonzulaufen in den Lärm des Alltags. Doch wenn wir von Dauerlärm und Dauerüberreizung umgeben sind, dann belastet das unseren Körper und hinterlässt Spuren in unserer Seele. Stille dagegen hat eine reinigende Funktion. In der Stille kann die Seele aufatmen. Stille ist nicht nur eine akustische Entlastung, sondern auch eine Chance zur Neuorientierung, damit ich nicht nur funktioniere, sondern lebe. Stille ist Urlaub für Geist und Seele.

Nicht labern, sondern leben!

Ohne Momente der Stille wird das Wort und vielleicht auch unser Gebet zum Geschwätz. »Der Schwätzer hat keine Richtung auf Erden«, heißt es im Psalm 140. Worte brauchen Schweigen. Ein geschriebener Text ohne Wortzwischenräume ist schwer lesbar. Eine Rede ohne Atempausen wäre unverständlich. Der bewusste Einsatz von Stille verleiht den Worten Kontur und Gewicht, so wie der leere Resonanzraum eines Instruments den Klang eines Tones voller macht.

Im Schweigen findet der Mensch aus der Zerstreuung zu sich selbst zurück. Der heilige Augustinus betonte einmal, dass in der Stille das Herz weit wird und sich löst von der Vielrederei der Gedanken. Viele Menschen fühlen sich dem Stress und dem Druck ihres Alltags nicht mehr gewachsen. Die Seele leidet. Auch der Stoffwechsel und das Immunsystem funktionieren dann unter Umständen nicht mehr gut. Ja, es ist leichter, dem Fluchtreflex nachzugeben. Aber Aushalten statt Weglaufen ist angesagt. Selbstverordnete Zeiten der Stille helfen mir, Abstand zu gewinnen von den inneren Stimmen, damit ich meine Aufgaben gelassener angehen kann.

Der heilige Benedikt empfiehlt in seiner Ordensregel, welche vor über 1500 Jahren geschrieben wurde, auf die eigenen Worte zu achten und ihnen durch Schweigen eine »Wache vor den Mund« zu stellen. Er schätzt die Schweigsamkeit so sehr, dass er den Mönchen empfiehlt, »bisweilen sogar auf Gespräche zu verzichten, mag es sich um noch so gute, heilige und aufbauende Gespräche handeln«.

In der Stille geschieht am meisten. Die Stille ist der Ort, an dem Gott uns erwartet. Alles, was zu leise war, um gehört zu werden, kommt jetzt zum Vorschein. Alles, was sich verstecken wollte hinter Trubel und Lärm, kann sich nicht mehr verkriechen, wenn es plötzlich ruhig wird. Jetzt ergibt sich die Gelegenheit, problematische Dinge einmal genauer unter die Lupe zu nehmen und vielleicht eine Lösung dafür zu finden. Schweigen birgt auch die Chance zu entdecken, was überflüssig ist, von welchen Angewohnheiten und vermeintlichen Verpflichtungen man sich trennen kann.

»Gott,
lass mich die Stille entdecken
und in der Stille dich.

Ja, um etwas Verborgenes zu finden,
muss man sich selbst verbergen.«

Heilige Thérèse von Lisieux

Auf der Überholspur

Auf der Überholspur

Ein junger Mann unternahm mit seiner Frau eine Autoreise. Er liebte es, schnell zu fahren. Nachdem sie eine Weile die Autobahn entlang gerast waren, nahm seine Frau die Straßenkarte und sagte: »Liebling, wir haben die falsche Autobahn genommen!« Darauf erwiderte der Mann stolz: »Macht nichts, dafür brechen wir gerade einen Geschwindigkeitsrekord.«
(nach Anthony de Mello)

Unsere Zeit ist schnelllebig. Immer mehr soll in immer kürzerer Zeit getan und erreicht werden – das gilt im Sport wie in der Wirtschaft, im Straßenverkehr wie beim Imbiss, generell in unserem Alltag. Wie komme ich am schnellsten, so rationell wie möglich, durch das Leben? Es ist wie eine Fahrt auf der Überholspur, welche die Schnelligkeit und Durchsetzungsfähigkeit zum höchsten Wert erklärt. Wer bei diesem Tempo nicht mithalten kann, wird zur Seite gedrängt. Doch wenn der Tempo-Dämon scheinbar alles beherrscht, verlieren wir unsere Achtsamkeit. Menschen auf der Überholspur kommen unverzüglich in einen Aggressionsmodus. Wer ständig getrieben ist von Verpflichtungen und Erwartungen, Terminen und Belastungen, dem droht nicht nur der Sprit, sondern auch der Spirit auszugehen. Kein Wunder, dass bei all dem Speed-Learning und Speed-Dating unsere Beziehungen unter Druck geraten. Wir frönen dem Paradox, das Tempo zu verdoppeln, wenn wir unser Ziel aus dem Blick verloren haben. Was nützen schnelle Autos denen, die richtungslos sind? Die Wertigkeit unseres Lebens hat sich pervertiert, eine zu hohe Geschwindigkeit beraubt uns mehr und mehr der Lebendigkeit und Mitmenschlichkeit.

Tempolimit

Um unseren Wohlstand zu erhalten, braucht es scheinbar ein ständiges Wachstum. »Höher, schneller, weiter« lautet das Motto unserer Gesellschaft. Doch die Seele reist langsam, am liebsten zu Fuß. Sie scheint sich besser zu entfalten und gesünder zu entwickeln, je weniger wir Stress und Hektik ausgesetzt sind. Unser Körper hat sich vielleicht schon an das erhöhte Tempo gewöhnt, er muss nicht gleich mit krankhaften Signalen reagieren. Die Seele aber ist sensibler. Eine ständig beschleunigende Lebensweise verschleißt Körper, Geist und Seele.

Und weil der Seele Höchstgeschwindigkeiten nicht guttun, braucht sie ein Tempolimit. Wenn der Mensch sein Leben intensivieren möchte, muss er es entschleunigen. Eine Siegermentalität erweist sich hier als kontraproduktiv. Je mehr der Mensch beschleunigt, desto anstrengender wird es für ihn, weil er das rasante Tempo nicht auf Dauer halten kann. Es kommt, wie der französische Philosoph Paul Virilio sagte, zu einem »rasenden Stillstand«.

Entschleunigung gibt ein Gefühl für Raum und Zeit.

Wer blind durchs Leben rast, wird bald die Erfahrung machen, dass Leib und Seele voneinander getrennt sind. Es braucht eine Neueinstellung meines inneren Tempomats und meiner inneren Ausrichtung. Wer sein Leben entschleunigt, tritt wieder in Beziehung zur Schöpfung, zur Erde, zum Himmel, zu den Mitmenschen und zu sich selbst. Entschleunigung gibt uns wieder ein Gefühl für Raum und Zeit.

Wer sich jedoch stetig auf der Überholspur des Lebens befindet, um nichts zu verpassen, wird zur Gefährdung für sich und andere. Erstaunlich wenig ist wirklich so dringend und so wichtig, dass es nicht auch ein paar Minuten auf mich warten kann. Ein Päuschen ist eine kleine und kostbare Freiheit zwischendurch. Eine Pause ist kein Luxus, für den man sich irgendjemandem gegenüber rechtfertigen müsste. Nicht ständig auf der Überholspur zu sein, sondern auch mal Leerlauf zu haben, ist wichtig, denn meine Kräfte sind nicht grenzenlos, und ich muss mich für diese Begrenztheit nicht schämen. Ich muss nicht ständig ans Limit gehen. Einfach mal den Fuß vom Gaspedal nehmen und von Tempo 180 auf Schrittgeschwindigkeit herunterbremsen. Dann kann auch meine Seele nachkommen, wie in der folgenden Geschichte:

Ein alter Mann aus einem fernen Erdteil fährt das erste Mal in seinem Leben in einem Auto mit. Er scheint die Fahrt zu genießen und sieht sich alles, was am Fenster vorbeifliegt, mit großen Augen interessiert an. Nach ungefähr zwanzig Minuten sagt er: »Bitte halten Sie an, ich möchte aussteigen.« Der Fahrer sieht ihn verwundert an. »Aber wir sind doch noch gar nicht am Ziel! Was wollen Sie hier? Hier ist doch nichts. Die nächste Stadt ist noch mindestens vierzig Kilometer entfernt.« Doch der Mann lässt sich nicht von seiner Entscheidung abbringen. Der Fahrer hält also an und lässt ihn aussteigen. »Und was, um Himmels willen, wollen Sie jetzt hier machen?«, fragt er. Der Alte setzt sich in aller Ruhe an den Straßenrand und antwortet: »Warten, bis meine Seele nachkommt.«

Wenn auf Dauer mein Verstand eine andere Sprache spricht als mein Herz, laufe ich Gefahr zu erkranken.

Die Spur aufnehmen, ihr folgen

Wenn Jesus heute mit uns auf dieser Erde lebte, würde er zu den Menschen am Weg wohl nicht sagen: »Kommt, folgt mir nach«, sondern »seid meine Follower, seht euch mehrmals täglich an, was ich poste, schaut euch meine Videos an und begleitet mich so auf Schritt und Tritt.«

So sah Jesus einen Zolleinnehmer mit Namen Levi. Der saß an seiner Zollstation. Jesus sagte zu ihm: »Komm, folge mir!« Da ließ Levi alles zurück, stand auf und folgte ihm. Vielleicht lag es an Jesu Ausstrahlung, dass er alles stehen und liegen ließ. Vielleicht war er auch gerade in einer Phase, etwas grundlegend in seinem Leben zu verändern. Jedenfalls entstand durch Jesu Blick und seine Ansprache eine Beziehung, die Levi im wahrsten Sinne des Wortes vom Hocker riss. Die entscheidenden Augenblicke in unserem Leben sind zumeist gebunden an die Begegnung mit Menschen, die in unser Leben getreten sind.

Der Zolleinnehmer stand also auf, ließ alles zurück und folgte Jesus. Dabei war klar, dass Jesus vorausging und Levi ihm hinterherlief. Denn wer folgt, beziehungsweise Follower ist, will etwas von dem Vorbild ins eigene Leben übernehmen.

Manchmal habe ich den Eindruck, wir entscheiden uns für Jesus, lassen aber ihn hinter uns herlaufen. Jesus soll uns folgen, wenn wir die Richtung unseres Lebens bestimmen, einen Beruf wählen, uns für einen Partner oder

*Die entscheidenden Augenblicke in unserem Leben
sind zumeist gebunden an die Begegnung mit Menschen,
die in unser Leben getreten sind.*

eine Partnerin entscheiden. Und sollte er uns nicht folgen, so ist das auch nicht weiter schlimm, denn wir haben ja eine genaue Vorstellung davon, wie unser Leben weitergehen soll. Wenn unsere Pläne dann aber schiefgehen, fragen wir frustriert, warum Jesus uns nicht geholfen hat. Aber wie sollte er denn, wir haben ihn doch hinter uns gelassen.

In Jesu Spuren wandeln

Wer mit Jesus geht, dem geht etwas auf. In Jesu Spuren zu wandeln, verwandelt auch mich, indem ich mehr und mehr in seine Gesinnung hineinwachse. Bei IHM ist jeder Mensch gleich viel wert. Diese Sicht bewirkt auch, dass ich mein Gegenüber respektiere, unabhängig von Status und Herkunft. Bei Jesus haben die Schwachen Priorität. Er orientiert sich nach unten. In Jesu Fußstapfen zu treten, hat zur Konsequenz, dass auch ich für etwas, für Menschen eintreten soll. Das Wort »Konsequenz« heißt übersetzt »Nachfolge«. Dietrich Bonhoeffer erklärt »Nachfolge« mit den Worten: »Einfach hinterhergehen«. Ja, wenn das immer so einfach wäre … In den Spuren Jesu zu gehen, ist kein Spaziergang und keine Traumreise. Die Nachfolge Jesu gibt es nicht zum Nulltarif.

Petrus, der Sprecher der Jünger, kann nicht ertragen, dass Jesus von seinem Leid spricht. Sein Christus darf nicht leiden und sterben. Er darf nicht zu den Verlierern gehören. Ist es nicht so, dass auch wir bisweilen – wie Petrus – dem Herrn *entgegen*treten, um ihm zu sagen, wo der Spaß aufhört und wo es langzugehen hat, anstatt ihm *nach*zufolgen? »Weg mit dir, Satan!«, ruft Jesus Petrus zu. Wörtlich: »Hinter mich!« Also: »Mir nach! Folge meiner Spur!«

Es gibt Ziele, für die es sich lohnt, alles stehen und liegen zu lassen. Jesus stellt keine besonderen Anforderungen. Jeder ist ihm wichtig, nicht nur die ganz besonders Gescheiten oder Schlauen, Reichen oder Einflussreichen. Jeder ist eingeladen, seine Spur aufzunehmen.

Umkehr als neue Spur

Umkehr als neue Spur

Wie zufriedenstellend und sinnstiftend es sein kann, die Dinge aus einer anderen Perspektive zu sehen, wurde mir klar, als ich mir, mehr zufällig als geplant, ein Fußballspiel zwischen zwei Mannschaften geistig behinderter Menschen ansah. Das Spiel war viel flotter, als ich geglaubt hätte, und obwohl die eine Mannschaft nach »objektiven« Kriterien besser war, schoss das andere Team in allerletzter Sekunde das Tor zum Unentschieden. Ich war zunächst etwas enttäuscht über diesen meiner Meinung nach unbefriedigenden Ausgang, bis jedoch mein Blick auf den Tormann fiel. Er machte richtiggehend Luftsprünge und rief: »Alle haben gewonnen! Alle haben gewonnen!« Das, was wir als unsere Wirklichkeit betrachten, ist in erster Linie davon abhängig, aus welcher Perspektive wir sie wahrnehmen.
(*Gisela Rieger*)

Umkehr ist ein Prozess, der einer geänderten Sichtweise entspringt. Wer zum Beispiel bergauf geht und sich umdreht, sieht, dass der Weg auch in die entgegengesetzte Richtung führen kann: bergab. Ändern Sie doch mal die Perspektive und betrachten Sie Ihr Leben vom Ende aus. Oder wie der heilige Benedikt es sagt: Wir sollen »den Tod täglich vor Augen haben«.

So rückt ins Blickfeld, dass alles in diesem Leben nur geliehen ist und am Ende wieder zurückgegeben werden muss. Wenn wir aus Versehen den Rückwärtsgang eingelegt haben und deshalb in die falsche Richtung fahren, dann hilft kein Beschleunigen, kein Gas geben – sondern nur bremsen, schalten und umkehren.

Perspektivenwechsel gelingt dort, wo ich mich in die Situation eines anderen Menschen hineinversetze. Gott selber wechselt die Perspektive und schickt seinen Sohn vom Himmel auf die Erde, von oben herab ins Gewöhnliche. Er schlägt sich auf die Seite der Menschen, ist mit ihnen auf Augenhöhe. Er kommt in unsere erbärmliche, kleine Welt und ja, er hat von Geburt an ihren Stallgeruch.

Geistiges Entrümpeln

Umkehr ist wie eine innere Wende. Wie sehr sind wir von eingefahrenen Denkmustern bestimmt? Umdrehen, umkehren könnte bedeuten, dass ich mich von meiner Position wegbewege und meine gewohnten Handlungsmuster durchbrechen muss. Einen anderen Lebensstil einüben, der mir, der Schöpfung und meinen Mitmenschen guttut. Abspecken bei dem, was mir Lebensenergie und Liebesfähigkeit nimmt. Und zunehmen an Empfindsamkeit, Achtsamkeit und Anteilnahme. Ist das nicht ein vielversprechender Weg hin zu einem erfüllteren Leben?

Entdecke, was dich hindert, diese neue Freiheit zu leben. Es geht darum, einen neuen Blick zu bekommen für die Geschenke des Lebens. Umkehren heißt dann nicht nur: Ändere dein Leben, sondern auch: Lebe dein Ändern!

Das Wort Umkehr kommt vom griechischen Wort »Metanoia« und bedeutet: »Größer denken.« Das ist für mich eine Kurzformel christlicher Spiritualität. Eine afrikanische Weisheit bringt es auf den Punkt: »Sag Gott nicht, wie groß deine Sorgen sind, sondern sag deinen Sorgen, wie groß dein Gott ist.« Das wäre doch eine neue Spur, ein toller Perspektivenwechsel!

Perspektivenwechsel

- miteinander statt gegeneinander
- ertragend statt unerträglich
- tröstend statt hoffnungslos
- annehmend statt abweisend
- vertrauend statt ängstlich

Dankbarkeitsperspektive

Ich bin dankbar ...

... für die Steuern, die ich zahle,

   weil das bedeutet, ich habe Arbeit und Einkommen.

... für das Durcheinander nach der Feier, das ich aufräumen muss,

   weil das bedeutet, ich war von lieben Menschen umgeben.

... für den Rasen, der gemäht, die Fenster, die geputzt werden müssen,

   weil das bedeutet, ich habe ein Zuhause.

... für die laut geäußerten Beschwerden über die Regierung,

   weil das bedeutet, wir leben in einem freien Land und

   haben das Recht auf freie Meinungsäußerung.

... für die Parklücke, ganz hinten in der äußersten Ecke des Parkplatzes,
    weil das bedeutet, ich kann mir ein Auto leisten.

... für die Frau in der Gemeinde, die hinter mir sitzt und falsch singt,
    weil das bedeutet, dass ich gut hören kann.

... für die Wäsche und den Bügelberg,
    weil das bedeutet, dass ich genug Kleidung habe.

... für die Müdigkeit und die schmerzenden Muskeln am Ende des Tages,
    weil das bedeutet, ich bin fähig, hart zu arbeiten.

... für den Wecker, der morgens klingelt,
    weil das bedeutet, mir wird ein neuer Tag geschenkt.

Kristina Reftel

Auf den Spuren des heiligen Benedikt –
aufstehen und losgehen

Der heilige Benedikt schreibt in der Einleitung zu seinen Regeln: »Die Stunde ist da, vom Schlaf aufzustehen.« Er ermuntert uns dazu, in den Spuren Jesu zu wandeln und wachsam zu sein, um ein weites Herz zu bekommen. Der heilige Mann macht es den Menschen in seinem Kloster zur einzigen Aufgabe, Gott zu suchen. Wer auf der Suche ist, der bleibt wach für das, was ihm begegnet.

Wer aufsteht, muss sich zunächst nach vorne beugen, damit er überhaupt in den Stand kommt. Das heißt, ich muss meinen Schwerpunkt verlagern, um aufzustehen. Damit wir nicht erstarren, braucht es auch in unserem Leben oft eine Schwerpunktverlagerung. Kinder, die gerade laufen gelernt haben, sind wahre Stehaufmännchen und scheuen sich nicht, nach dem Fallen immer und immer wieder aufzustehen. Erwachsene Menschen verlieren dagegen oft den Mut und die Geduld, sich nach Enttäuschungen wieder neu aufzurichten. Es gibt Lebenseinstellungen, die es uns schwer machen, immer wieder aufzustehen. »Da kann man nichts machen« ist eine Aussage, die eine solch niederdrückende Haltung widerspiegelt.

Wer auf der Suche ist,
der bleibt wach für das, was ihm begegnet.

Der heilige Benedikt sieht vor allem im »Murren« eine der schlimmsten Angewohnheiten, weil es den Blick einengt auf Missstände und dabei Energien verzehrt. Murren ist, wie in einem Schaukelstuhl zu sitzen – du bist scheinbar in Bewegung, kommst aber nirgendwohin. So gibt es viele Menschen in unserer Gesellschaft, die murren und meckern und aus Prinzip immer dagegen sind, aber nicht verantwortlich für etwas eintreten wollen. Es geht hier um eine schädliche Grundhaltung, die man als Grundstimmung der Unzufriedenheit, des Nörgelns und des Missmutes wahrnimmt. Als grundsätzliches Nichteinverstandensein mit dem Leben wie es ist, als lautlose Verweigerung. Alle Energie versickert und wird nicht mehr lebensförderlich eingesetzt.

Es kann sehr hilfreich sein, der persönlichen Versuchung zum Murren auf die Spur zu kommen. Entspringt sie einer Enttäuschung oder Verbitterung? Vielleicht stößt man auch auf einen Hang zum Perfektionismus. Menschen mit dieser Tendenz geben ungern etwas aus der Hand, wollen alles selber machen, verlassen sich lieber nicht auf andere – und lassen wenig Platz für Gott. Menschen mit dieser Einstellung können erst dann loslassen und aufbrechen, wenn in ihren Augen alles abgesichert ist und kein Risiko mehr besteht.

In einem Gebet von Papst Johannes Paul II. heißt es: »Steh auf, der du enttäuscht bist. Steh auf, der du an Eintönigkeit gewöhnt bist. Steh auf, der du die Fähigkeit des Staunens verlernt hast ...« So scheint der heilige Benedikt hinzuzufügen: »Lauft, solange ihr das Leben habt.«

Nicht durch das Denken, sondern durch das Gehen kommen wir aus unserem Teufelskreis heraus. Das Spüren des Lebens entreißt uns lähmender Depression. Im Weitergehen überwinden wir die Schwermut und gelangen zu innerer Weite. Wir dürfen uns auf einen Weg einlassen, der uns wandelt. Wer wandert, wandelt sich mit jedem Schritt. Er bleibt nicht der Gleiche, es bewegt sich etwas in ihm. Wandern und wandeln haben die gleiche Wortwurzel.

Demgemäß schrieb Kierkegaard: »Ich habe mir meine besten Gedanken ergangen und ich kenne keinen noch so schweren Kummer, den man nicht weggehen könnte.«

Wanderer, es gibt keinen Weg.

Alles vergeht und alles bleibt,
aber wir vergehen, indem wir Wege bahnen,
Wege über das Meer.

Wanderer, deine Fußspuren sind
der Weg, und sonst nichts.
Wanderer, es gibt keinen Weg,
der Weg entsteht beim Gehen.

Beim Gehen entsteht der Weg,
und wenn du zurückschaust,
siehst du den Pfad, den du niemals
wieder betreten wirst.
Wanderer, es gibt keinen Weg,
nur Spuren im Meer.

Antonio Machado

Wer wandert, wandelt sich mit jedem Schritt.

Spurwechsel

Spurwechsel – Leben in Entschiedenheit

Wähle das,
was dich auf Dauer tiefgreifend froh macht.

Eine Verkäuferin verkaufte einem jungen Mann eine leuchtend bunte Hose, und er schien von seinem Kauf sehr angetan zu sein. Am nächsten Tag kam er wieder, um die Hose zurückzugeben. Seine Begründung: »Meiner Freundin gefällt sie nicht.« Eine Woche später kam er noch einmal wieder, über das ganze Gesicht lächelnd, und wollte die Hose doch kaufen. »Hat Ihre Freundin ihre Meinung geändert?«, fragte die Verkäuferin. »Nee«, sagte der junge Bursche, »ich habe die Freundin gewechselt.«

Gibt es in Ihrem Leben Entscheidungen, welche Sie zu einem Spurwechsel veranlasst haben? Die meisten Entscheidungen treffen wir spontan, fast automatisch. Wir lassen uns – meist unbewusst – leiten von bestimmten Faustregeln, von früheren Erfahrungen und unserer Intuition. Andere Entscheidungen folgen einfachen sozialen Strategien: »Wähle, was du kennst!«, »Vermeide Konflikte!«, »Folge dem Rat anderer!«, »Entscheide dich für das, was dir den meisten Nutzen bringt!« Bei all unseren täglichen Entscheidungen geht es weniger um die Frage, welche Wahl die richtige wäre, als darum, zu welcher Person uns unsere Entscheidungen machen.

Ich glaube, dass es Gottes Wille ist, dass wir uns so entscheiden, dass unser Wesen, unser Charakter, unsere Ausstrahlung in Jesu Sinn geformt werden. Mit diesem Ziel und auf diese Richtung hin sollen wir uns entscheiden – und dürfen dann wissen: ER ist bei jedem Spurwechsel dabei, egal welche Entscheidung wir getroffen haben.

Meiner Beobachtung nach werden wir zunehmend zu einer Zuschauergesellschaft, bei der keiner den Kopf hinhalten, Verantwortung für eine Entscheidung übernehmen will. Wer Entscheidungen trifft, der ist kritisierbar. Wenn keine Entscheidungen mehr getroffen werden, stellt sich Lähmung ein. Jede Entscheidung *für* etwas ist zwangsläufig auch eine Entscheidung *gegen* etwas. Und wer sich nicht entscheidet, über den wird entschieden.

Spurwechsel bedeutet Entschiedenheit. Immer wieder erlebe ich Menschen, die sich in ihrer Opferrolle eingerichtet haben und versäumen, für ihr Leben Verantwortung zu übernehmen. So schreibt schon der heilige Irenäus von Lyon: »Die Ehre Gottes ist der lebendige Mensch.« Wähle das, was dich auf Dauer tiefgreifend froh macht.

Stur auf Spur

Ein Sprichwort sagt: »Reite kein totes Pferd.« Gib dein Ziel auf, wenn es dich total überfordert, wenn es unrealistisch ist, wenn es deiner Berufung nicht entspricht. Zu diesem Spurwechsel gehört Mut. Denn der Mensch entwickelt sich weiter und darf erkennen, dass er eingefahrene Spuren, alte Muster verlassen sollte, bevor er völlig abstumpft. Viele könnten ihr Leben glücklicher gestalten, wenn sie ein unerreichbares, quälendes Ziel loslassen würden und sich auf neue Wege begäben. Das wäre dann kein Zeichen von Schwäche, sondern zeugte von kluger Einsicht.

Spurwechsel – Jesu Spur

Wenn eine Köchin sich für eine Forelle entschieden hat, wird sie kaum als Soße einen Vanillepudding dazugeben. Das passt einfach nicht zusammen. Parallel dazu gilt es zu schauen: Bewege ich mich mit meinen Entscheidungen, mit meinem Tun, meinem Reden und meinem Denken noch in den Fußstapfen Jesu?

Spurwechsel – wenn Klarheit da ist

Es ist nicht ratsam, bei dichtem Nebel die Spur zu wechseln. Es braucht Geduld, bis sich die Nebel lichten. Aber: Es braucht nicht die Übersicht über den ganzen Weg. Es genügt die Klarheit für den nächsten Schritt.

Spurwechsel – Sei vorsichtig bei Extremen!

Der heilige Benedikt rät zu einer gesunden Mitte, ohne dabei mittelmäßig zu werden.

»Geh nicht nur die glatten Straßen.
Gehe Wege, die noch niemand ging,
damit du Spuren hinterlässt und nicht nur Staub.«

Antoine de Saint-Exupéry

Spuren des Glücks

»Das Glück ist ein Schmetterling«, sagte der Meister. »Jag ihm nach, und er entwischt dir. Setz dich hin, und er lässt sich auf deiner Schulter nieder.« – »Was soll ich also tun, um das Glück zu erlangen?« – „Hör auf, hinter ihm her zu sein.« – »Aber gibt es nichts, was ich tun kann?« – »Du könntest versuchen, dich ruhig hinzusetzen, wenn du es wagst.« *(nach Willi Hoffsümmer)*

Willst du Glück, so beglücke!

Was bedeutet »Glück«? Ich persönlich denke nicht viel über das Glück nach. Der Philosoph Platon hat einmal gesagt: »Die ständige Sorge um die Gesundheit ist auch eine Krankheit, und wer dauernd über das Glück nachdenkt, ist meist unglücklich.« Wenn jemand sagt: »Ich bin glücklich!«, kann niemand sicher wissen, was genau er damit meint, denn Glück verbindet jeder und jede ganz individuell mit bestimmten Gerüchen, Melodien, Personen, Landschaften …, die für keinen anderen Menschen exakt dasselbe bedeuten.

Und viele Menschen wissen gar nicht, dass sie glücklich sind. Glück wird oft erst als solches erkannt, wenn seine Spuren bereits verschüttet oder verloren gegangen sind. Glück ist ein Verwandlungskünstler. Es hinterlässt Spuren in uns, die uns verwandeln. Im Märchen vom »Hans im Glück« treffen wir auf die Magie des Loslassens. Es ist eine Glücksgeschichte vom »immer weniger«. Denn in Wahrheit liegt das Glück nicht in dem, was einer besitzt, sondern vielmehr darin, was einem genommen werden, was einer aufgeben kann, ohne dass er todunglücklich, ja sogar: damit er zufriedener wird. »Weniger ist mehr«, dieser Grundsatz führt uns auch auf unserem spirituellen Weg auf die richtige Spur zu einem geglückten Leben. »Ein gelassener Mensch soll nicht allzeit darauf achtsam sein, wessen er bedürfe, er soll darauf sehen, wessen er entbehren kann.« *(Heinrich Seuse)*

Glück ist das Nebenprodukt eines sinnvollen Lebens. Schon der alte Philosoph Aristoteles erkannte, dass man Glück nicht gezielt anstreben kann. Das Glück stellt sich indirekt ein, wie in der Physik die Wärme bei der Arbeit. Viele Menschen haben dem entgegen ein Wovon, aber kein Wofür sie leben. Gelingendes, sinnerfülltes Leben ist ein glückliches Leben.

Ein chinesisches Sprichwort sagt: »Wenn ich einen grünen Zweig im Herzen trage, wird sich der Singvogel darauf niederlassen.« Damit so ein grüner Zweig in meinem Herzen blüht, sprich, das Glück in meinem Herzen einkehren kann, ist es gut zu wissen, dass ich Glück nicht erzwingen kann. Wer nach dem großen Glück Ausschau hält, versäumt oft die kleinen Glücksmomente in den Spuren des Alltags. Und gerade für diese sollte man empfänglich und dankbar sein, wie es die folgende Geschichte illustriert:

Es war einmal ein Bauer, der steckte jeden Morgen eine Handvoll Bohnen in seine linke Hosentasche. Immer, wenn er während des Tages etwas Schönes erlebte, wenn ihm etwas Freude bereitete, er einen Glücksmoment empfunden hatte – etwas, wofür er dankbar war –, nahm er eine Bohne aus der linken Hosentasche und gab sie in die rechte.

Am Anfang kam das nicht häufig vor. Aber von Tag zu Tag wurden es mehr Bohnen, die von der linken in die rechte Hosentasche wanderten. Der Duft der frischen Morgenluft, der Gesang der Amsel auf dem Dachfirst, das Lachen seiner Kinder, das nette Gespräch mit einem Nachbarn – immer dann kam eine Bohne von der linken auf die rechte Seite.

Bevor er am Abend zu Bett ging, betrachtete er die Bohnen in seiner rechten Hosentasche. Bei jeder Bohne konnte er sich an ein schönes Erlebnis erinnern. Dann schlief er zufrieden und glücklich ein – auch an den Tagen, an denen er nur eine einzige Bohne in seiner rechten Hosentasche fand.
(Burkhard Heidenberger)

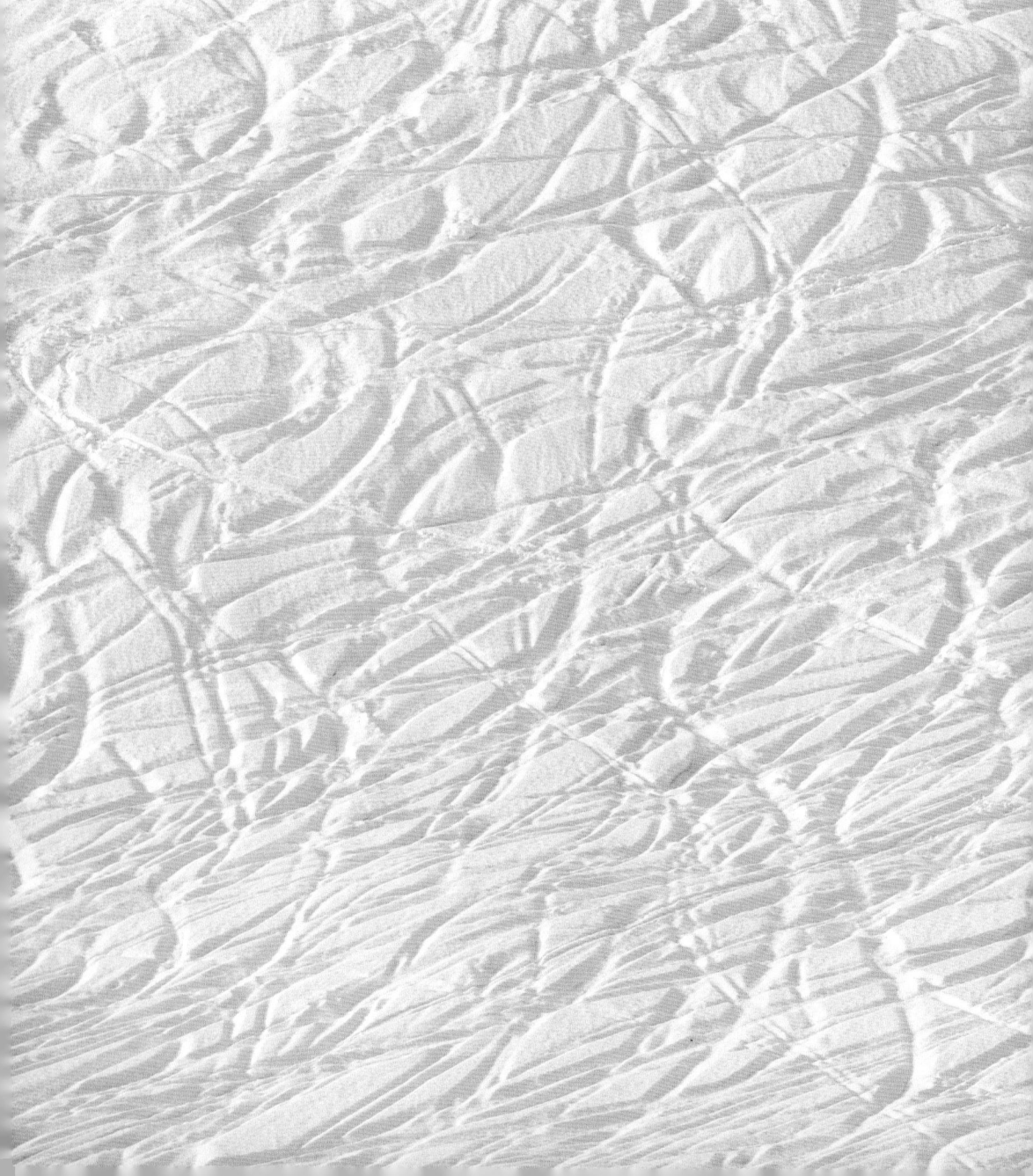

Spurensuche

Spurensuche – auf Schatzsuche gehen

Eines Nachts träumte der Jude Asiik, er solle nach Prag wandern. Dort würde er unter der Brücke über die Moldau einen Schatz finden. Der Traum kehrte immer wieder, und zuletzt packte Asiik sein Bündel und zog los. Ratlos stand er schließlich vor der Brücke. Unmöglich konnte er hier graben! Kaufleute, Bauern und Frauen mit ihren Einkäufen querten den Fluss, ein Hauptmann wachte über das Treiben. Jeden Tag kam Asiik wieder und überlegte, was er nur tun solle. Schließlich fragte ihn der Hauptmann: »Was suchst du denn?« Asiik erzählte von seinem Traum. »Ach, wenn man darauf hörte«, lachte der Hauptmann. »Ich zum Beispiel träume schon wochenlang, ich solle nach Krakau wandern und dort unter dem Ofen eines armen Juden graben, dann würde ich einen Schatz finden.« Sofort kehrte Asiik um, wanderte nach Hause, nahm die Steine unter seinem Ofen heraus und fand dort seinen Schatz.

Was zeigt uns diese Geschichte? Oftmals werden die Schätze, welche unter dem »eigenen Ofen« verborgen sind, nicht mehr wahrgenommen. Vielleicht braucht es einen Traum, einen Impuls, einen Menschen, der mich auf meinen eigenen Schatz aufmerksam macht. Auch Abstand kann helfen, das Wertvolle im eigenen Haus, in der eigenen Lebenswirklichkeit wieder wahrzunehmen.

Wer auf Schatzsuche geht, der muss Prioritäten setzen.

»Komm, wir finden einen Schatz« heißt Janoschs Geschichte vom Bär und vom Tiger. Beide machen sich auf den Weg, gehen auf weite Reise, denn sie wollen einen wirklich großen Schatz heben. Der gefundene Schatz wird ihnen dann aber gestohlen, und betrübt kehren sie nach Hause zurück. Dort merken sie jedoch schnell, wie glücklich sie sich schätzen können, dass sie einander haben und wie wohl sie sich fühlen in ihrem gemütlichen Haus am Fluss. Die beiden haben offenbar die Reise in die Ferne, den Abstand von ihrem Zuhause gebraucht, um ihre Freundschaft und ihr gemeinsames Glück wieder neu zu entdecken.

Der Schatz im Acker unseres Menschseins

Jesus legt uns eine Spur, um das Reich Gottes zu finden. Er vergleicht die Suche nach dem Reich Gottes mit einem Mann, der einen Acker erwirbt, um an den darin befindlichen Schatz zu gelangen. Zähneknirschend muss er feststellen, dass es keinen Schatz in Reinkultur gibt. Wer den Schatz will, muss auch den »Dreck« mitkaufen. So ist das im Leben. Jeder Schatz hat sein Drum und Dran und muss mitunter erst mühsam freigelegt werden.

Das Kostbare steckt oft inmitten von Problemen. Aber dieser Schatz macht den gesamten Acker wertvoll. Das sei gerade den Menschen gesagt, die denken, sie müssten immer nur »ackern«. Das Himmelreich, das Glück ist kein Schatz im sicheren Tresor, sondern ein Schatz, vergraben im Acker unseres Lebens. Diesen Schatz zu heben, ist oft eine mühsame, manchmal lebenslange Arbeit.

Wer auf Schatzsuche geht, der muss Prioritäten setzen. Man kann nicht darauf vertrauen, dass man das Kostbare, die Schätze des Lebens, im Vorübergehen findet. Es braucht das Wagnis und die Entdeckerfreude, sein Leben lang ein Schatzsucher zu bleiben. Welche Freude, wenn ich den Schatz schließlich unter meinem Ofen, ja: im eigenen Herzen (wieder-)entdecke! Dann ist es wie bei jenem, der seinen Schatz im Acker fand und nun alles bisher Wichtige über Bord wirft, um sich voll und ganz diesem Schatz hinzugeben.

Denn gefundene Schätze wollen auch ausgekostet werden, sonst verkommen sie zu nutzlosem Plunder, verstauben und geraten in Vergessenheit.

Das Kostbare steckt oft inmitten von Problemen.
Aber dieser Schatz macht den gesamten Acker wertvoll.

Glaubst du,
das Korn
auf dem Acker
wüchse
ohne Schweiß

Glaubst du,
der Wein
im Glase
wäre gekeltert
ohne Mühen

Glaubst du,
der Ring
an der Hand
würde getragen
ohne Tränen

Spur der Hoffnung

Spur der Hoffnung

Zwei Frösche, deren Tümpel die heiße Sommersonne ausgetrocknet hatte, gingen auf die Wanderschaft. Gegen Abend kamen sie in die Kammer eines Bauernhofs und fanden dort eine große Schüssel Milch vor, die zum Abrahmen aufgestellt worden war. Sie hüpften sogleich hinein und ließen es sich schmecken.

Als sie ihren Durst gestillt hatten und wieder ins Freie wollten, konnten sie es nicht: Die glatte Wand der Schüssel war nicht zu bezwingen, und sie rutschten immer wieder in die Milch zurück.

Viele Stunden mühten sie sich nun vergeblich ab, und ihre Schenkel wurden allmählich immer matter. Da quakte der eine Frosch: »Alles Strampeln ist umsonst, das Schicksal ist gegen uns, ich geb's auf!« Er machte keine Bewegung mehr, glitt auf den Boden des Gefäßes und ertrank. Sein Gefährte aber kämpfte verzweifelt weiter bis tief in die Nacht hinein. Da fühlte er den ersten festen Butterbrocken unter seinen Füßen, er stieß sich mit letzter Kraft ab und war im Freien. *(Aesop)*

Der eine Frosch denkt pessimistisch: Hier hilft kein Einsatz. Er geht unter und ertrinkt. Der zweite Frosch aber lebt aus der Hoffnung, dass ihn jemand befreit, und er strampelt so lange, bis aus der Milch Butter geworden ist und er sich mit einem Sprung aus der Schüssel befreien kann.

Wie Winston Churchill einmal sagte: »Der Pessimist sieht eine Schwierigkeit in jeder Gelegenheit. Der Optimist sieht eine Gelegenheit in jeder Schwierigkeit.«

Ein zuversichtlicher, hoffnungsvoller Mensch erkennt den Ernst der Lage und die Schwierigkeiten, aber ohne sich davon lähmen zu lassen. Vielmehr entdeckt er Gestaltungsspielräume und nutzt diese auch - selbst, wenn sie noch so klein sind. Zuversicht ist eine Art Spürsinn für das, was die Zukunft an Positivem mit sich bringen könnte. Und führt letztlich zur Tatkraft, das Seine dazu beizutragen, damit das Erhoffte eintritt.

Hoffnungsfroh leben heißt für mich: Ausschau zu halten nach dem, was mich trägt und woraufhin ich lebe. Was befähigt uns dazu, an den Prüfungen des Lebens nicht zu verzweifeln? Was gibt Hoffnung, wenn das Schicksal uns heimsucht? Viktor Frankl, der Begründer der Logotherapie, spricht von der »Trotzmacht des Geistes«. Mit seinem ersten Werk »Trotzdem Ja zum Leben sagen« ermutigte er viele Menschen, in den Krisenzeiten ihres Lebens nicht die Hoffnung zu verlieren. So erzählt Frankl von Menschen, die im Konzentrationslager andere trösteten und mit ihnen ihr Brot teilten. Das ist für ihn ein Beweis dafür, dass man dem Menschen alles wegnehmen kann außer der Freiheit, die eigene Einstellung zu jeder gegebenen Situation selbst zu wählen.

Hoffnung heißt für mich ganz konkret, im Alltag ein »Trotzdem« zu sagen. In der Kirche ist es schwierig – trotzdem engagiere ich mich. Gerade scheitern so viele Beziehungen – trotzdem glaube ich an die Liebe. Ich habe viele Enttäuschungen hinter mir – trotzdem hoffe ich auf das nächste Mal. Die Anspannung ist groß – trotzdem will ich gelassen bleiben.

Zweifellos können wir viel lernen von Menschen, die sich von leidvollen Lebenserfahrungen zwar erschüttern, nicht aber zerbrechen lassen, die erfahrenes Leid nicht verdrängen, sondern es mutig durchschreiten und es als Möglichkeit für Wachstum und menschliche Reifung nutzen.

Als Grundfeste seelisch widerstandsfähiger Menschen gilt der Wille, sich beherzt einen Weg durch das Leid zu bahnen, sich mit dem eigenen Schicksal auszusöhnen und Frieden zu schließen mit dem Leben, auch wenn dieses vielleicht nicht immer so verläuft, wie sie es sich erhofft hatten. Resiliente Menschen verfügen über die Bereitschaft, die Realität dessen, was geschehen ist, zu akzeptieren, den Schmerz darüber in das Leben zu integrieren, wirksame Bewältigungsstrategien zu entwickeln, Mitgefühl und Liebe für andere zu empfinden und bei allem Ungemach die Zuversicht nicht zu verlieren.

»Hoffnungsstur und glaubensheiter« – diese beiden Gemütslagen, einem Buchtitel von Heike Springhart entlehnt, bringen mich mit meiner Zuversicht in Berührung. Ich mag durchaus das Bedrängende sehen, ohne mich davon aber völlig vereinnahmen zu lassen. Auf die Spur der Hoffnung zu kommen, kann man nicht befehlen, aber jeder sollte sich um eine zuversichtliche Haltung bemühen. Dabei hilft die Erfahrung von überstandenen Krisen, die sich wie ein Hoffnungstrittbrett anfühlt, um darauf über den eigenen Horizont hinaus- und wieder in die Spur zu kommen.

Hoffnungsstur

Mehr zu haben – als man tatsächlich besitzt
Mehr zu erwarten – als unser Verstand erdenken kann
Mehr zu tragen – weil man sich selber getragen weiß

Eine Spur zu viel

Eine Spur zu viel – das rechte Maß finden

Das kleine Wörtchen »zu« erinnert uns daran, in unserem Leben Maß zu halten. Zu viel, zu wenig, zu schnell, zu langsam, zu streng, zu lax. Das Leitmotiv des heiligen Benedikt mahnt, das rechte Maß zu finden, was bedeutet, Extreme möglichst zu vermeiden. Am rechten Maß orientieren sich alle unsere klösterlichen Lebensbereiche: Arbeit und Gebet, Bewegung und Ruhe, Speisen und Getränke, Mahl- und Fastenzeiten, Handarbeit und Lesung, Schweigen und Reden.

Aber wie sieht es aus, das richtige Maß an Arbeit und Freizeit, Konsum und Enthaltsamkeit, gerade auch im Umgang mit dem Smartphone oder der tagtäglichen Informationsflut? Wie finden wir das richtige Maß in Bezug auf die Nutzung der Güter unserer Schöpfung oder den Ausstoß von CO_2? Welches Maß braucht ein Protest, welches Ausmaß darf er annehmen, um Gutes zu bewirken, und ist das Maß voll oder überschritten, wenn Aktivisten sich auf Straßen festkleben, auf Landebahnen den Flugbetrieb stören oder Gemälde mit Tomatensuppe bewerfen? Wie finde ich, wie finden wir im Umgang miteinander das richtige Maß an Kommunikation, zwischen Distanz und Nähe? Eltern wiederum müssen viele Male am Tag entscheiden, welches Maß an Freiheit sie ihren Kindern zugestehen und welche Grenzen sie ihnen setzen. Neben Klugheit, Gerechtigkeit und Tapferkeit zählt die Mäßigung zu den vier Kardinaltugenden. Umgekehrt zählt die Maßlosigkeit zu den Hauptsünden.

Wie finde ich das lebensfördernde Maß?

Es scheint etwas Fundamentales zu sein, das richtige Maß im Umgang mit den Dingen, den anderen Menschen und auch mit sich selbst zu finden. »Alles Übermaß ist von den Dämonen«, heißt es bei den Mönchen, und ein Sprichwort warnt: »Übermut tut selten gut.«
Wer das rechte Maß überschreitet, für den wird das Angenehmste schnell unangenehm. Es gilt, sein eigenes Maß zu finden, denn erst dann lebt der Mensch im Einklang mit sich und seiner Umwelt. Zu wenig Mut ist Feigheit, zu viel Mut ist Übermut. Der heilige Benedikt rät zu einer gesunden Mitte, ohne dabei mittelmäßig zu werden.

Der Mensch hat große Ziele. Wer aber große Ziele hat, muss damit maßvoll umgehen und Schritt für Schritt vorangehen. Wer sich ständig übernimmt, um seine Ziele zu erreichen, dem geht die Luft aus. Ebenso wird derjenige scheitern, der stets den schnellen und bequemen Weg sucht, denn im Leben gibt es nun mal keine Abkürzungen. Die Weisungen des heiligen Benedikt zeugen von dem Versuch, eine Balance zu finden zwischen Essen und Schlafen, Arbeit und Erholung. Benedikt hat das Experiment gewagt, einen maßvollen Lebensrhythmus zu schaffen. Damit hat er einen Weg gespurt, dessen Begehung den Menschen weder unter- noch überfordert.

»Es gibt keinen bequemen Weg,
der von der Erde zu den Sternen führt.«

Seneca

Leuchtspur

Leuchtspur – Stern

»Binde deinen Karren an einen Stern« ist ein Ausspruch des Malers Leonardo da Vinci. In Zeiten der Orientierungslosigkeit scheint unser Lebenskarren zuweilen wie festgefahren. Dann brauchen wir eine Leuchtspur, die wie ein Stern auf etwas Größeres verweist. In der Heiligen Schrift ist immer wieder die Rede von solchen Leuchtspuren. Da ist Abraham, welcher in seiner Verzweiflung ganz umnachtet ist, weil ihm keine Nachkommen geschenkt sind. In seiner Krise nimmt er den Lebenssinn, die Leuchtspur seines Lebens, nicht mehr wahr. Das Aufschauen zum Himmel, den Blick zu lösen von der Enge, von der gegenwärtigen Ausweglosigkeit, lässt ihm eine andere Perspektive zuteilwerden. Es braucht immer wieder den Blick auf die Leuchtspur des Himmels, auf die Verheißung.

Folge deinem Stern

So hören wir es in der Bibel auch von den Sternkundigen. Die Leuchtspur eines Sternes hat sie auf eine lange Reise geführt. Es ist nicht kopflos, den eigenen Sehnsüchten Raum im Alltag zu geben. Es ist nicht naiv, zu glauben, dass etwas auf uns, auf sie wartet. Es weitet den Blick, in den Himmel zu schauen. Dort leuchtet eine Spur, die ihnen den Weg weist. Für sie glühen die Sterne nicht nur am Himmel, sondern in ihrem Inneren. Da fängt etwas in ihnen zu leuchten an, das sie aus ihrer Lebenswelt herauszieht. Der Stern gilt als Zeichen, das in die Zukunft weist, das die Menschen von innen her aufbrechen lässt. Dass sie auf die Leuchtspur am Himmel blicken, zeigt, sie haben sich nicht einzig auf der Erde eingerichtet. Man könnte sagen, diese Menschen folgen der Spur ihres Herzens. Der Stern deutet uns an: Du bist nicht nur ein Mensch der Erde, sondern auch ein Mensch des Himmels. Folge dem Stern, der über dich hinausweist auf den, der vom Himmel herabkommt und unsere tiefste Sehnsucht erfüllt. Mit der Geburt Jesu wird deutlich: Gott will uns so nah sein wie möglich. Er legt seine Spur in unsere Welt hinein, in unser Leben.

Die Sterndeuter sind Menschen, die vom Leben noch etwas erwarten und aufbrechen. Die drei Weisen sind Menschen, welche nicht mutlos werden, sondern weitergehen trotz aller Hindernisse.

Von der eigenen Lebenssituation aufzublicken zu einem Stern bedeutet, über den eigenen Horizont hinauszuschauen. Wie oft bleibt unser Blick an den Kleinigkeiten des Alltags hängen, weil uns die Vision eines sinnhaften, glückenden Lebens verloren gegangen ist? Wohin ich schaue, dahin komme ich. Vielleicht ist das die Art, wie ich dem Stern folgen kann: Nach dem Weg fragen und den Kurs korrigieren. Und mutig feststellen, dass ich noch nicht fertig bin.

In meiner Lebensspur bleiben?

Wie kann ich in meiner Lebensspur bleiben,
in Treue zu meinem Lebensauftrag,
im Horizont einer Verheißung,
deren Leuchtspur mich getroffen hat?

Wie kann ich in meiner Lebensspur bleiben,
in der Unruhe und dem Lärm des Alltags,
in der Flut von Erwartungen und Ansprüchen,
wo andere meine Spuren verwischen und zuschütten?

Wie kann ich in meiner Lebensspur bleiben,
in den Sorgen und im Übermaß an Tätigkeit,
in dem Geflecht aus Pflichten und eigenen Wünschen,
in meinen eigenen Begrenzungen und den Grenzen,
die mir gesetzt sind?

Wie kann ich in meiner Lebensspur bleiben,
in Stunden der Krise,
in denen mein Glaube, meine Hoffnung und Liebe
sich abnutzen und zu versanden drohen?

Spuren im Holz

Spuren im Holz

Für Hermann Hesse waren Bäume die eindringlichsten Prediger: »Wenn ein Baum umgesägt worden ist und seine nackte Todeswunde der Sonne zeigt, dann kann man auf der lichten Scheibe seines Stumpfes seine Geschichte lesen. In den Jahresringen und Verwachsungen steht aller Kampf, alles Leid, alle Krankheit, alles Glück … schmale Jahre und üppige Jahre … und jeder Bauernjunge weiß, dass das härteste und edelste Holz die engsten Ringe hat, dass hoch auf Bergen und in immerwährender Gefahr die unzerstörbarsten, kraftvollsten, vorbildlichsten Stämme wachsen.«

Anzahl und Beschaffenheit von Jahresringen lassen nicht nur auf das Alter, sondern auch auf die Lebensumstände eines Baumes schließen. Alles Wachsen ist Veränderung. Jahresringe sind wie der Fingerabdruck der Bäume. Jeder Ring auf der Baumscheibe ist einzigartig. Diese Spuren sind unregelmäßig, jeder Ring hat seine eigene Form, mancher ist gleichmäßig wie ein Kreis, ein anderer wirkt holprig und uneben. Breite Ringe erzählen von guten Jahren mit viel Licht und Feuchtigkeit, schmale von schlechten, in denen es zu trocken oder zu kalt war.

Alles Wachsen ist Veränderung.

Alles, was ein Baum erlebt, hinterlässt seine Spuren in den Jahresringen. Auch in unser Leben haben sich Spuren eingegraben: in Körper und Seele, sichtbare und unsichtbare; es gab Zeiten voller Leichtigkeit und Zeiten voller Last; es gab glückliche Tage und traurige Augenblicke, geradlinige, ebenerdige Strecken, aber auch Umwege und so manche Höhen und Tiefen.

In einem Psalm in der Bibel stehen dafür Worte des Dankes: »Ich danke dir dafür, dass ich wunderbar gemacht bin. Staunenswert sind deine Werke. Ich danke dir, dass du mich so wunderbar gestaltet hast.« *(nach Psalm 139,14)* Der Baum zeigt mir: Er wird erst mit seinen dünnen und dicken, mit seinen regelmäßigen und krummen Ringen zu dem, was er ist: ein einzigartiger Baum. So wie es das Wort »Biografie« seiner Herkunft nach zum Ausdruck bringt, so ist das *Leben* in uns *eingeschrieben*. Spuren im Holz sind ein wunderbares Bild für unsere Biografie, in die gute und weniger gute Zeiten eingespurt sind.

»Ich lebe mein Leben in wachsenden Ringen«, dichtete Rainer Maria Rilke in seinem bekannten Gedicht. Wir wachsen im Laufe des Lebens, vor allem auch innerlich. Unser Leben vollzieht sich nicht im Zickzack, nicht im heillosen Durcheinander, sondern in wachsenden Ringen. Aber auch nicht in langweiligen Wiederholungen und der Wiederkehr des ewig Gleichen.

Ich darf wachsen und sollte eine Mitte haben. Jeder Ring darf anders sein. Ich kann mich auf Neues einlassen, ohne dass es zum Chaos kommen muss. Was würde aus einem Baum, wenn er nur in die Höhe, nicht aber in die Breite wüchse und in die Tiefe. Die Baumkrone entspricht etwa dem Durchmesser seines Wurzelgeflechts. Wer über seine Verhältnisse lebt, sich immer nur nach oben orientiert, ohne Halt zu suchen in einem Netz aus Freunden oder Familie, der droht zu fallen.

»Von einem Baum können wir mehr lernen
als aus einem Buch.«

Bernhard von Clairvaux

Spuren hinterlassen

Spuren hinterlassen

Es gibt Menschen, die in unser Leben treten und es bald wieder verlassen. Es gibt aber auch Menschen, die eine Weile bleiben und eine Fußspur in unserem Herzen hinterlassen. Danach sind wir nie mehr dieselben. In gleicher Weise hinterlassen auch wir Spuren bei unseren Mitmenschen. Überall hinterlassen wir Fingerabdrücke – auf Bänken, Türklinken, in Büchern – es ist unvermeidlich. Mit unseren Berührungen geben wir Erkennungszeichen. Im Internet können unsere Spuren noch nach Jahrzehnten nachverfolgt werden. In einer Todesanzeige habe ich gelesen: »Das Schönste, was ein Mensch hinterlassen kann, ist ein Lächeln im Gesicht derjenigen, die an ihn denken.« Was bleibt, wenn alles Vergängliche geht? Möchte ich, dass die Menschen lächeln, wenn sie einmal an mich denken? Was bleibt von uns? Welche Spuren haben wir hinterlassen?

Ein Lächeln ist die Reaktion auf eine positive Erfahrung. Es kommt oft von selbst. Es ist die Antwort auf ein angenehmes Erleben. Wer einem Menschen begegnet und dabei zu lächeln beginnt, der fühlt sich wohl. Das Leben ist wie ein Spiegel, alles wird froher, wenn du lächelst. Ja, wenn die Nachwelt mit einem Lächeln an mich denkt, ist es mir gelungen, das Leben meiner Hinterbliebenen zu bereichern und mit Freude zu erfüllen.

Wer Spuren der Liebe hinterlässt,
schreibt sich ein in die Herzen der Menschen.

Menschen bauen Häuser, pflanzen Bäume und zeugen Kinder. Andere haben Bücher hinterlassen, die uns noch heute fesseln und neue Horizonte erschließen. Wer solche Bücher aufschlägt, findet Eingang in die Gedankenwelt längst Verstorbener. Wieder andere haben große Kompositionen geschaffen, die von Generation zu Generation Menschen begeistern. In ihren Werken leben sie weiter.

In seinem Buch »Nachtzug nach Lissabon« schreibt Pascal Mercier die aufschlussreichen Worte: »Wir lassen etwas von uns zurück, wenn wir einen Ort verlassen, wir bleiben dort, auch wenn wir weggehen. Und es gibt Dinge in uns, die wir nur wiederfinden können, wenn wir dorthin zurückkehren.« Es bleibt eine stete Herausforderung des Lebens, dabei nicht die vorgefertigten Wege zu nutzen, sondern den eigenen Weg zu gehen, um mit ihm die eigenen Spuren zu hinterlassen. Wer Spuren der Liebe hinterlässt, der zaubert ein Lächeln auf das Gesicht seiner Nachwelt und schreibt sich ein in die Herzen der Menschen.

Spuren hinterlassen

Wo immer wir auch gehen,
ein Teil von uns bleibt dort,
die Spuren unserer Schritte,
sie gehen nicht mehr fort.
Ein Lächeln bleibt zurück,
ein Herz, das freudig schlägt,
die Wärme unserer Stimme,
die durch die Kälte trägt.
Berührung unserer Hand,
die noch zu fühlen ist,
und dass durch uns ein Mensch
das Weinen kurz vergisst.
Ein liebes Wort klingt nach,
durch Schmerz und Dunkelheit,
und unsere Spur vertreibt
die schlimme Einsamkeit.
Wo immer wir auch gehen,
bleibt eine Spur zurück
und hinterlässt ein Strahlen
von unsrem eignen Glück.

Unbekannter Verfasser

Goldene Gebrauchsspuren

Leonard Cohen, der kanadische Dichter und Liedermacher, der fünf Jahre in einem Zen-Kloster lebte, schrieb ein Lied mit der Textzeile: »There is a crack in everything, that's how the light gets in.« Alles hat irgendwo einen Riss, aber genau das ist der Spalt, durch den das Licht einfällt. Ein genialer Satz – überraschend und einleuchtend.

So wie auch bei Leonard Cohen, dessen Lebensweg von Sucht und einer schweren Depression durchkreuzt wurde, sehen sich viele Menschen mit inneren Rissen konfrontiert. Der Erzbischof Rembert Weakland aus Amerika betitelt seine Autobiografie mit »Leben zwischen Rissen«. Unsere Welt ist brüchig und unvollkommen, das menschliche Leben zerbrechlich und vergänglich. Aber eben deshalb eröffnen sie uns den Blick in die Tiefe. Und machen uns empfänglich für die Hoffnungsschimmer, die unser Leben erhellen.

Alles hat irgendwo einen Riss, aber genau das ist der Spalt, durch den das Licht einfällt. Cohen nennt dieses Licht Gnade. So singen wir Mönche im Benedictus: »Durch die barmherzige Liebe unseres Gottes wird uns besuchen das aufstrahlende Licht aus der Höhe.« In unser verletzliches Leben dringt dieses Licht. Wo wir um uns herum Zerbrochenes und Zerstörtes sehen, wo wir uns selbst verwundet fühlen – gerade da kann eine neue Welt, eine andere Wirklichkeit aufleuchten. Nur in die Offenheit einer Wunde kann Heilung hineinfließen. Durch Jesus will Gott den Himmel in unsere oft so armselige Erde hereinscheinen lassen. Er möchte die Risse, die Bruchstellen um uns und in uns aufhellen. Es gibt einen Gott, der uns schon entgegenkommt wie der barmherzige Vater seinem verlorenen Sohn, dessen Leben zerbrochen war.

Ich denke auch an die Risse, verursacht von Terror und Gewalt – Risse, die durch Länder und Völker gehen, durch Religionen und Konfessionen, durch Gemeinschaften und Familien. Sie machen uns bewusst, wie schmerzlich wir den Frieden vermissen und wie wichtig Versöhnung ist. Die Spur der Einsamkeit als Riss, der sich durch das Leben derer zieht, die einen lieben Menschen verloren haben und sich in ihrer Trauer allein fühlen. Die Spur der Bitterkeit als Kluft im Leben dessen, der von anderen enttäuscht worden ist. Der Riss aufgrund der Krankheit, die unsere Lebenspläne zerstört und uns mit unserer Hilflosigkeit konfrontiert.

All diese Risse, Fugen und Spalten sind Einfallstore für das barmherzige Licht, das ER in unser Leben bringen will. Gott kommt, um allen zu leuchten, die in Finsternis sitzen und im Schatten des Todes.

Vergoldeter Neuanfang

In Japan gibt es den folgenden Brauch, eine besondere Reparaturtechnik: Wenn eine wertvolle Keramikschale in Scherben zerbricht, wird sie wieder zusammengefügt. Aber die Bruchstellen werden nicht einfach nur mit Kitt und Lack geflickt, sondern zudem mit Blattgold noch extra hervorgehoben. So wirken die Brüche geradezu kostbar, das ganze Gefäß ist veredelt, neu und anders. Die Sprünge bleiben bewusst sichtbar. Auf Japanisch heißen die vergoldeten Bruchlinien »Keshiki« – »Landschaft«.

Der Gedanke, entstandene Risse buchstäblich zu vergolden, gefällt mir. Könnten wir so nicht auch mit unseren Verletzungen umgehen? Sie heilen und zugleich vergolden? Und dabei unsere ganz eigene Landschaft entstehen lassen? Ich bin wie eine wiederhergestellte Schale: Das Leben hat Spuren an mir hinterlassen. Es kostet Zeit und Mühe, wieder ganz zu werden. Doch gerade meine Risse und Brüche machen mich einzigartig. Ich bin wertvoll, so wie ich bin. Gott vermag auch unsere Bruchstücke behutsam zusammenzufügen und etwas Neues daraus zu machen. Ja, es gelingt ihm sogar, den tiefsten Bruch, den Tod, zu überwinden und unser zerbrochenes Leben in eine neue Wirklichkeit zu verwandeln. In einen strahlenden Neuanfang. Gott vergoldet unsere Risse.

Es geschieht oft gerade da eine Heilung,
wo ich meine Wunden benennen kann.

Spur des Augenblicks

Spur des Augenblicks – Seifenblasen

»Windhauch, Windhauch«, so beginnt das Buch Kohelet, eine Schrift aus dem Alten Testament. Der schwäbische Dichter Albert Kaiser übersetzt »Windhauch« mit dem Wort »Seifenblasen«. Gottes Nähe ist so zart wie eine Seifenblase. Alles hat seine Zeit. Geboren werden und sterben, lachen und weinen, tanzen und klagen, reden und schweigen. Alles gehört zu unserem Leben dazu. Und dass wir die Kostbarkeit dieser Zeit, die Spur des Augenblicks erkennen – daran können uns schwebende Seifenblasen erinnern.

Das Spiel mit den Seifenblasen war und ist wie eine Träumerei. Es fühlt sich so leicht an, wenn ein Atemhauch ausreicht, um diese schönen Gebilde auf die Reise zu schicken. Eine Seifenblase ist wunderschön. Die ganze Welt spiegelt sich darin. Aber – wir wissen es alle: Ein Stups mit dem Finger genügt, und weg ist sie. Gott hat alles schön gemacht zu seiner Zeit. Es gibt auch in schweren Zeiten diese »Seifenblasen-Momente«, hell und leicht. Ein aufmunterndes Wort, ein lieber Mensch, mit dem ich über meine Ängste und Sorgen sprechen kann, das gemeinsame Lachen im Freundeskreis.

Vielleicht kann man sagen, dass wir in solchen Augenblicken Gottes Nähe spüren können, ganz zart – wie eine Seifenblase. Dass ich für einen Moment ganz sicher weiß: Gott sieht mich freundlich und liebevoll an. Gott sagt mir: Ich bin da! Und dann huscht mir vielleicht auch ein kleines Lächeln über das Gesicht, wie beim Anblick einer Seifenblase, und ich spüre: Ich bin nicht allein. Gott lässt sich nicht anfassen und nicht begreifen. Doch er ist da!

So wie die Seifenblase, die beim Berühren zerplatzt – und trotzdem bleiben ihre funkelnden Seifenteilchen in der Luft.

Spuren hinterlassen

• In der Sonne schillern die Seifenblasen in tausend Farben und Facetten. Als Kinder Gottes dürfen und sollen wir etwas von der Gnade Gottes widerspiegeln.

• Seifenblasen vermitteln ein Gefühl von Spiel und Leichtigkeit. »Federn lassen und trotzdem schweben«, so formuliert es die Dichterin Hilde Domin. Ein Appell an uns als Menschen, der Hoffnung zu leben und unsere Unbeschwertheit nicht zu verlieren.

• Jede Seifenblase bringt uns in Berührung mit unserer Vergänglichkeit und macht uns zugleich Mut, immer wieder nach dem Schillernden und Bunten Ausschau zu halten.

• Blase nicht Trübsal, sondern puste Gottes Botschaft in die Welt hinaus.

Viele Ereignisse hinterlassen Spuren in unserem Leben, und oft bleibt eine unbestimmte Sehnsucht zurück.

Spuren suchen und Spuren setzen bleibt eine lebenslange Herausforderung für uns. Möge das eine oder andere Wort, das eine oder andere Bild in unserem Herzen eine Spur hinterlassen, die unserem Leben Sinn verleiht.

Wer in den Fußspuren Jesu geht,
dem folgt der Überfluss. (nach Psalm 65,12)

Warte nicht
auf ein erfülltes Leben!
Öffne dich für den Augenblick,
und du wirst spüren,
wie sich dein Leben von selber erfüllt.

Autor & Fotografin

Wolfgang Öxler OSB

gab sich 2012 bei der Wahl zum Erzabt von St. Ottilien den Leitspruch: Gottesvoll – den Menschen nah. Seit er 1979 den Missionsbenediktinern beigetreten ist, lebt er diese Nähe zu den Menschen ganz besonders. Er holt sie dort ab, wo sie stehen, hört ihnen zu und macht sich gemeinsam mit ihnen auf den Weg durch alle Momente des Lebens. Wer ihm begegnet, entdeckt in seinen Texten und in seiner Liebe zur Musik die Begeisterung, die von einem gottesvoll gelebten Leben ausgeht. Ob bei Exerzitien, in der integrativen Gestaltarbeit, beim Gottesdienst oder in der Seelsorge: Wolfgang Öxler sieht genau hin und spricht mit dem Herzen. Davon zeugen auch seine Bücher »Haltestellen für die Seele« und »Freie Räume für mehr Leben«, erschienen im Herder Verlag.

Andrea Göppel

ist nach ihrer Ausbildung zur Fotografenmeisterin jetzt als freiberufliche Fotografin tätig. Achtsamkeit für die kleinen Dinge des Lebens kennzeichnet ihre künstlerische Arbeit. Sie lässt Momente, Stimmungen in der Natur und kaum bemerkte Details aus facettenreichen Perspektiven in ihren Bildern sichtbar werden. In der Zusammenarbeit mit renommierten Verlagen und namhaften Autoren gelingt es ihr durch ihre Fotos, den spirituellen Texten und geistlichen Impulsen eine besondere Tiefenschärfe zu verleihen. Zusammen mit Wolfgang Öxler veröffentlichte sie bereits die Bücher »Haltestellen für die Seele« und »Freie Räume für mehr Leben«, erschienen im Herder Verlag.

Textquellen

Die Regel des heiligen Benedikt. Beuroner Kunstverlag, Beuron 1980

Bernhard von Clairvaux: Sämtliche Werke. Tyrolia Verlag, Innsbruck 2002

Hilde Domin: Sämtliche Gedichte. Fischer Verlag, Frankfurt am Main 2009

Margaret Fishback Powers: Spuren im Sand. Übersetzt von Eva-Maria Busch. Brunnen Verlag, Gießen 1996

Viktor Frankl: Trotzdem Ja zum Leben sagen. Ein Psychologe erlebt das Konzentrationslager. Kösel Verlag, München 2009

Burkhard Heidenberger: Blütezeiten. Impulse für Entspannung und Lebensfreude. Herder Verlag, Freiburg im Breisgau 2022

Willi Hoffsümmer: Kurzgeschichten 6. Matthias Grünewald Verlag, Mainz 2000

Janosch: Komm, wir finden einen Schatz. Verlag Beltz & Gelberg, Weinheim 2000

Ein Segen sein. Junges Gotteslob. Dehm Verlag, Limburg 2013

Albert Kaiser: Soifablosa. Gedichte in schwäbischer Mundart. Selbstverlag, Schwäbisch Gmünd o. J.

Otto Kaiser: Kohelet. Das Buch des Predigers Salomo. Radius Verlag, Stuttgart 2016

Andreas Knapp: Gedichte auf Leben und Tod. Echter Verlag, Würzburg 2008

Antonio Machado: Poesía. Editorial Alma, Barcelona 2021

Anthony de Mello: Gib deiner Seele Zeit. Herder Verlag, Freiburg im Breisgau 2011

Pascal Mercier: Nachtzug nach Lissabon. Carl Hanser Verlag, München 2004

Kristina Reftel: Ich habe nach dir gewonnen! Übersetzt von Gabriele Schneider. Gütersloher Verlagshaus, in der Penguin Random House Verlagsgruppe GmbH, Gütersloh 2007

Gisela Rieger: Sinn-volle Geschichten. Ziel Verlag, Augsburg 2013

Rainer Maria Rilke: Die Gedichte. Insel Verlag, Frankfurt am Main 1986

Antoine de Saint-Exupéry: Worte wie Sterne. Herder Verlag, Freiburg im Breisgau 2018

Klemens Schneider: Das Leben entfalten – im Glauben wachsen. Matthias Grünewald Verlag, Mainz 1987 (darin das Zitat von Hermann Hesse)

Heike Springhart: Hoffnungsstur und glaubensheiter. Warum wir starke Kirchen brauchen. J. S. Klotz Verlag, Neulingen 2022

Paul Virilio: Rasender Stillstand. Essay. Fischer Verlag, Frankfurt am Main 1997

Sämtliche Bibelzitate sind entnommen aus:

Die Bibel. Die Heilige Schrift des Alten und Neuen Bundes. Vollständige deutsche Ausgabe   A Ω
DIE BIBEL
© Verlag Herder, Freiburg im Breisgau 2005

Bildverzeichnis

Von Sehnsucht und Aufbruch

180 Seiten
Gebunden
ISBN 978-3-451-03279-0

Gute Gedanken als Wegbegleiter und Rastplatz für die Seele!
Mit seinen Worten gelingt es Erzabt Wolfgang Öxler, die Menschen dort abzuholen, wo sie stehen: mitten im Leben. Seine Texte handeln von Sehnsucht und Vertrauen, Hoffnung und Neuanfang, Dankbarkeit und Glück. Die faszinierenden Farbfotografien von Andrea Göppel schaffen die passende Atmosphäre.

In jeder Buchhandlung!

www.herder.de

Loslassen, frei sein …

180 Seiten
Gebunden
ISBN 978-3-451-03379-7

Wie gelingt es uns, das Wesentliche vom Unwesentlichen zu trennen und zu unserer Mitte zu finden? Wie kommen wir vom Zuviel hin zum Notwendigen? Erzabt Wolfgang Öxler beschäftigt sich faszinierend mit Fragen wie diesen. Er schreibt über das Auf- und Ausräumen ebenso wie über das Wiederentdecken neuer Freiräume. Die stimmungsvollen Farbfotografien von Andrea Göppel beflügeln diese Gedankenreise.

In jeder Buchhandlung!

HERDER

www.herder.de

© Verlag Herder GmbH, Freiburg im Breisgau 2023
Alle Rechte vorbehalten
www.herder.de

Sämtliche Fotografien,
Satz & Gesamtgestaltung: Andrea Göppel, Augsburg
www.andrea-goeppel.de

Herstellung: Neografia a.s., Martin
Printed in Slovakia
Gedruckt auf umweltfreundlichem, chlorfrei gebleichtem Papier

ISBN 978-3-451-03427-5